Sincérité Électorale.

❖

GUIDE DES ÉLECTEURS

DU DÉPARTEMENT DE

LA

Charente - Inférieure.

PAR

LE Dʳ H. DUTOUQUET,

Maire du chef-lieu du canton de Saint-Aignant,
Membre du Conseil Général.

SE VEND :

A LA ROCHELLE ET DANS LES VILLES

DU DÉPARTEMENT

CHEZ TOUS LES LIBRAIRES.

1849.

LA ROCHELLE, IMP. DE F. BOUTET.

Aux Habitants des Campagnes.

Le paysan, c'est l'homme véritablement du pays, l'homme soudé en
quelque sorte au sol, qui prodigue en
temps de paix ses sueurs pour nourrir
son pays, et en temps de guerre son
sang pour le défendre.

SOMMAIRE.

Avant Propos.— Du Suffrage universel, Chap. I.— Chap. II. — Organisation des Comices. — Comice Communal.— Comice Cantonnal.— Comice d'Arrondissement.— Comice Départemental.— Arrondissements de la Rochelle, de Rochefort, de Saintes, de Saint-Jean-d'Angély, de Jonzac, de Marennes — Noms de toutes les Communes du Département; désignation des Circonscriptions Electorales et des Communes qui les composent.— Nombre des Délégués de chaque Commune au Comice Cantonnal, de chaque Canton au Comice d'Arrondissement, de chaque Arrondissement au Comice Départemental, avec le chiffre de population des Communes, des Cantons, des Arrondissements.

AVANT-PROPOS.

En 1845, je publiai mon livre :

De la condition des classes pauvres à la campagne, et des moyens les plus efficaces de l'améliorer, et en 1846, un *Projet d'Organisation de la Médecine rurale*. J'y demandais pour vous des réformes dans l'agriculture, dans l'instruction primaire, l'établissement de fermes-écoles. Je demandais encore pour toutes les communes, la création de Bureaux de Bienfaisance, de Crèches et de Salles d'Asile, l'extension des Caisses d'Épargnes avec des modifications susceptibles d'assurer des pensions viagères aux classes laborieuses, etc.

Il ne s'agissait alors pour vous que d'améliorations sociales, car vous étiez des Parias politiques.

Février 1848 vous a faits *Citoyens*, *Electeurs*, comme les propriétaires qui payaient 200 francs d'impôts, *Eligibles* même comme ceux qui en payaient 500. Vous pouvez donc aujourd'hui plaider vous-mêmes votre cause, en confiant le mandat de vous représenter aux hommes que vous savez les plus capables de défendre et vos droits et vos intérêts.

Comme le vote se fait par scrutin de liste et qu'il est impossible à chacun de nous de connaître personnellement, en restant inactifs, les dix ou les douze représentants de notre département, il faut préparer les élections, il faut que le suffrage universel soit l'expression vraie du pays.

C'est le but de ce petit livre.

Le nombre et la sagesse assurent le triomphe des idées sous un gouvernement républicain. Unissez-vous et vous serez véritablement forts, car les campagnes forment les quatre cinquièmes de la population. Eclairez-vous, car sans la lumière, la force est inintelligente, aveugle, brutale.

Ce petit livre vous montrera encore comment le travailleur, le laboureur, l'ouvrier pèsent dans les Comices électoraux autant que le grand propriétaire ou le capitaliste millionnaire.

On dit qu'il ne faut vous instruire ni de vos droits, ni de vos devoirs.

Ceux qui vous tiennent ce langage vous abusent et veulent se servir de vous.

Tenez-les à distance !

Mais quand vous vous serez éclairés dans vos Comices, quand vous aurez une conviction — et songez que vous ne relevez que de vous - mêmes — alors abordez l'urne électorale, la tête haute et le cœur satisfait, car vous agissez comme de dignes citoyens qui aiment leur pays !

I.

La souveraineté du Peuple *est* de *Droit* et de *Fait* :

De *Droit*, car elle repose sur un dogme suprême ;

De *Fait*, parce que depuis trente années deux dynasties ont croulé sous leur impuissance à donner une satisfaction légitime à tous les besoins.

Le *suffrage universel* est l'expression la plus complète de la souveraineté populaire.

Mais pour posséder la souveraineté populaire dans son intégralité, il faut que le suffrage universel s'exerce avec *sincérité* : or aujourd'hui les élections sont-elles sincères?

— Non

Les différents partis qui préparent les élections par l'organe de leurs Comités respectifs, représentent-ils le pays dans son tout et dans ses éléments constitutifs, la *Commune*, le *Canton*, l'*Arrondissement*, le *Département?*

— Non.

Les populations rurales, c'est-à-dire l'immense majorité des Electeurs, comprennent-elles la portée de leurs votes, ou tout au moins ont-elles un pressentiment vague de leur importance?

— Oui.

Les *Paysans* (et j'appelle *Paysan* l'homme

véritablement du pays, l'homme soudé en quelque sorte au sol, le cultivateur qui prodigue en temps de paix ses sueurs pour nourrir son pays, et en temps de guerre son sang pour le défendre), les Paysans, dis-je, sont-ils assez éclairés pour faire un choix *sincère* de candidats à la Représentation ?

— Non.

Et voilà l'explication de ces intrignes électorales, de ces promenades, de ces affichages d'un côté ; et de l'autre, de cette indifférence excusable peut-être aujourd'hui, mais si coupable pourtant des *Paysans*, en matière électorale.

Ils ne sont pas assez instruits de leurs droits, et ils s'imaginent difficilement que c'est pour eux un devoir sacré de mûrir leur vote et de le déposer dans l'urne électorale.

C'est là le secret de la réussite de certaines intrigues ; elles triomphent par surprise.

Eclairez les masses, imprimez-leur une direction sage et impartiale, pénétrez-les bien des avantages qu'elles retireront infailliblement d'un gouvernement de tous, par tous et pour tous, indiquez-leur des moyens simples pour arriver à des choix susceptibles de représenter également et leur foi politique et leurs intérêts matériels, et vous aurez surmonté la difficulté du moment.

Autrement, qu'arrive-t-il ? Vous le savez déjà :

Circonvenus par les colporteurs de listes de tous les partis, les habitants des campagnes prennent au hasard, et accomplissent sans conviction, sans en comprendre la gravité, l'acte le plus solennel d'un citoyen.

Cet état de choses peut-il durer ?

— Non. N'est-il pas la négation la plus formelle du suffrage universel, et ne l'anéantirait-il pas indubitablement tôt ou tard et mieux que les prédictions insensées des ministres passés ? (1).

— Oui évidemment.

C'est donc aux vrais amis du peuple de combattre sans trêve ni merci les ennemis de la souveraineté populaire et du suffrage universel ; c'est à eux de le protéger contre les embûches.

L'idée républicaine domine l'idée monarchique de quelque côté qu'elle surgisse.

La forme républicaine ne peut être une expérience comme voudraient le faire croire certains discoureurs quasi-officiels : elle est définitive ; non pas tant parce que la Consti-

---

(1) (*Moniteur* 26 *Mars* 1847.) — *Guizot* — Le principe du suffrage universel est si absurde en soi-même qu'aucun de ses partisans même n'ose l'accepter et le soutenir tout entier..... personne !

Garnier-Pagès.— Son jour viendra !

Guizot.— Il n'y a pas de jour pour le suffrage universel. La question ne mérite pas que je me détourne en ce moment de celle qui nous occupe.

tution l'a déclaré dans son préambule, que parce qu'elle est désormais la seule possible, la seule durable. La changer aujourd'hui, ce serait accumuler des haines qui éclateraient avec violence dans un temps rapproché.

L'union des campagnes a fait la force de l'élection du Président le 10 Décembre 1848.

Si les votes s'éparpillent aujourd'hui, demandez-en la cause à l'inexpérience de la grande majorité des votants, qui ne sait pas se recueillir, quand elle manque d'un nom prestigieux pour l'enthousiasmer.

Avec de l'enthousiasme, les Français ont pu traverser presque miraculeusement de grandes crises, mais c'est avec du sang-froid, de la dignité, du recueillement que les sociétés marchent à ces hautes destinées que leur prépare la Providence.

Il ne s'agit pas dans ce petit travail de rompre une lance en faveur du *Philippisme*, de la cause dite *Légitimité*, du *Socialisme*, etc.; notre but est d'arriver à des Elections *sincères* qui émanent de la conviction des majorités; et alors le peuple triomphera, car le triomphe de la vérité est annoncé dans les décrets de Dieu.

II.

Comment aujourd'hui se préparent les Elections? — Rarement les Délégués des communes ou des cantons ont reçu de leurs communes ou de leurs cantons un mandat spécial, ou ce mandat ne leur a été délivré que par une fraction, un parti.

Ces délégués ne représentent donc pas le pays!

Ils ne représentent tout au plus qu'une opinion;

Germe certain de division entre des hommes qui peut-être auraient marché dans la même voie s'ils avaient su s'entendre!

Si, en agissant ainsi, on croit éclairer les masses et faire progresser les idées, il y a erreur profonde!

C'est parfois enrôler captieusement des hommes sous un drapeau dont ils ne connaissent pas la couleur, et qu'ils abandonneront au premier jour.

C'est *imposer* des noms à cette multitude trop confiante des campagnes, à cette armée électorale formidable par sa force, par sa sagesse, par son nombre, c'est lui *imposer* des noms, comprenez-le bien, quand on devrait la consulter avec déférence.

Les candidats patronés dans un arrondissement, même dans un département, par une poignée d'hommes remuants, reviennent plus tard aux Electeurs comme l'expression unanime des populations.

Erreur, mensonge !

Dans quelques départements les membres du Conseil Général ont cru pouvoir donner l'impulsion électorale. Sans doute ils étaient déjà mandataires par le suffrage universel d'une portion du pays, et à ce titre ils semblaient avoir quelque droit d'agir.

Ce mode de procéder était plus sincère.

Mais il ne saurait nous suffire.

Nous demandons mieux encore !

Et le problème n'est pas difficile à résoudre ; pour le comprendre et le mettre en pratique, il faut :

Du *bon sens* et l'intention arrêtée de fermer la porte à tous ces Prétendants dynastiques affamés de trônes et d'oripeaux Régaliens, dût leur ambition surnager à l'abîme des révolutions et aux flots de sang du Peuple ; et nous ne pourrons mieux servir cette intention qu'en nous efforçant de consolider parmi nous le suffrage universel.

COMICES.

Les Comices dont nous avons à vous entretenir n'ont de commun avec ceux des Romains que le but : l'*Election*. Les rouages en diffèrent essentiellement. Ils ne sont pas le dernier mot de l'Election ; ils la préparent avec intelligence, ils prennent avis des populations avant d'éditer des Candidatures. Il n'y a pas à comparer les Comices Communaux, Cantonnaux, d'Arrondissement avec les *Curies*, les *Centuries*, les *Tribus*. Nos Comices exercent *également* leur droit électoral avec la même autorité, les mêmes prérogatives, et les Comices Romains votaient par Centuries privilégiées, à l'exclusion presque constante des classes inférieures, des classes moins titrées, moins opulentes.

Nos Comices, nous le répétons à dessein pour répondre d'avance à des objections spécieuses, ne terminent pas l'Election ; ils la font naître, ils la discutent, ils la préparent, et ils tirent par là une force morale immense qui fait indispensablement luire la vérité.

Notre système exige la création de quatre Comices. Le premier se forme par Commune (*Comice Communal*), le deuxième par Canton (*Comice Cantonnal*), le troisième par Arrondissement (*Comice d'Arrondissement*) et le quatrième par Département (*Comice ou Congrès Electoral Départemental*).

Dans chacun de ces *Comices* s'élaborent les Candidatures. Tous les citoyens prennent aux travaux une part active, et ils arrivent enfin à apprécier par eux-mêmes les titres des Concurrents, au lieu de se fier aux suggestions hypocrites de quelques meneurs menteurs ou aveugles.

Etudions chaque Comice dans sa marche et dans sa constitution.

Comice Communal.

Quarante jours avant l'Election, le Maire convoque tous les Electeurs de la Commune.

Le *Comice Communal* se constitue d'abord sous la présidence provisoire de ce Magistrat, qui donne connaissance de la loi Electorale, de l'arrêté du Pouvoir exécutif, du jour de l'Election Départementale, du nombre de Représentants à élire, des opérations préparatoires de listes, des devoirs de chaque Comice, etc., documents contenus ordinairement presque tous dans le Bulletin des actes administratifs, adressé aux Maires par les Préfets.

Quand le but de la réunion est suffisamment connu, le Maire provoque un scrutin pour l'Election des membres du Bureau du *Comice Communal* (un Président, deux

Scrutateurs et un Secrétaire choisi lui-même par les membres du Bureau).

Ainsi constitué, le Comice demeure en permanence jusqu'au jour des Elections.

La première question est celle des Candidatures. Le Président invite les citoyens présents à désigner hautement les hommes qui, pris dans la Commune ou partout ailleurs, pourraient, à leur sens, réunir les conditions de talent, de probité, d'abnégation nécessaires pour représenter dignement le pays dans les Conseils de la Nation.

Une discussion s'engage sur des noms, et le Président la clot quand l'assemblée se trouve renseignée ; mais, comme il faut être dans la Commune très-sobre de Candidatures, quoiqu'il n'y ait pas de limites absolues à assigner à leur nombre, on arrête en séance publique le chiffre des Candidats qui seront présentés au Comice Cantonnal, et l'on passe au scrutin.

On vote encore pour déléguer des Electeurs au Comice Cantonnal. Ce choix est difficile ; les élus sont investis de fonctions importantes : ils devront présenter au Comice Cantonnal les Candidats de la Commune, et les faire justement apprécier.

Lorsque le scrutin a choisi un nombre de Délégués proportionné à la population de la Commune, c'est-à-dire, quand on en a pris un par 200 habitants ou par fraction supérieure

à 150, — et toujours une Commune a un Délégué, quel que soit d'ailleurs le chiffre de sa population (voir le tableau des Communes),
— le Comice Communal s'ajourne, attend une nouvelle convocation du Président, et les Délégués se rendent à jour fixe au Comice Cantonnal.

Comice Cantonnal.

Nous avons vu les Communes réunies en Comices présenter des Candidatures et nommer à la majorité des suffrages des Délégués en nombre proportionné à la population, c'est-à-dire, un par 200 habitants et par fraction supérieure à 150.

Ces Délégués de toutes les Communes se réunissent bientôt au chef-lieu du Canton ou dans le bourg ou village qui est le point le plus central du Canton.

Le Comice Cantonnal se constitue alors, nomme son Président, ses Scrutateurs et son Secrétaire.

Chaque Commune présente, par l'organe de ses Délégués, ses Candidats respectifs.

La discussion s'engage, et le Président prononce la clôture quand l'Assemblée se croit suffisamment éclairée sur les titres de chacun.

On ouvre alors le scrutin, et ceux qui ont obtenu le plus grand nombre de suffrages sont maintenus Candidats du Canton ; toute-

fois on en limite le nombre en séance publique, et nous ne répéterons pas ici ce que
nous avons déjà écrit à ce sujet au chapitre
du Comice Communal.

Un nouveau tour de scrutin nomme les
Délégués qui devront aller présenter au Co-
mice d'Arrondissement les Candidats du
Canton, et nommer eux-mêmes d'autres
Délégués au Comice ou Congrès Départe-
mental.

Le Canton envoie un Délégué pour mille
habitants par Canton et par fraction supérieure à 500.

Comice d'Arrondissement.

Les Délégués de tous les Cantons de
l'Arrondissement se réunissent au chef-lieu
ou au point le plus central, nomment les
membres du Bureau, discutent les Candidatures présentées par les Délégués Cantonnaux, arrêtent la liste de présentation (et les
Candidats sont toujours en nombre double
de celui qu'accorde la loi Electorale). Puis
ils désignent par voie de scrutin les Délégués
d'Arrondissement qui devront aller faire
apprécier au Congrès Départemental les
hommes qui ont obtenu les sympathies de
leurs concitoyens.

Le Comice d'Arrondissement envoie un
Délégué par 2 mille habitants et par fraction
supérieure à 1,500.

Comice ou Congrès Départemental.

Les Délégués des Comices d'Arrondissement, réunis au nombre de 232 pour le Département de la Charente-Inférieure au chef-lieu du Département ou au point le plus central, ce qui serait déterminé par les Comices appelés à résoudre la question, constitueraient tout d'abord le Bureau; les membres en seraient assez nombreux pour entretenir sans fatigue avec les Communes une correspondance qui ne manquerait pas d'être très-active.

Puis on se livrerait à une discussion approfondie des titres des Candidats présentés par les Arrondissements, et l'urne électorale s'ouvrirait quand l'assemblée réclamerait la clôture de la discussion.

Cette liste arrêtée et sanctionnée recevrait dès lors une grande publicité. Le Bureau Départemental l'adresserait aux Délégués des Communes avec la notice biographique de chacun des Candidats adoptés ; les Comices Communaux seraient convoqués de nouveau, et en séance publique les Délégués nommés primitivement par la Commune, s'adjoignant aux membres du Bureau, feraient connaître à leurs concitoyens et les opérations successives accomplies dans les *Comices* du Canton, de l'Arrondissement, du Département, et les choix adoptés définitivement.

Certes, on peut objecter qu'il y aura une difficulté réelle à faire comprendre aux habitants de la Commune que leur Candidat de prédilection, qui est né et qui vit parmi eux, a pu être écarté. Nous ne nous la dissimulons pas, cette difficulté; mais elle existe déjà, et les moyens proposés l'amoindriront beaucoup, s'ils ne la surmontent pas complètement.

D'ailleurs, n'avez-vous pas choisi vous-mêmes, Electeurs Communaux, et les membres de votre Bureau et les Délégués qui se sont rendus au Comice Cantonnal? Ne sont-ils pas les hommes de votre pays que vous avez jugés les plus dignes de votre estime? Si, après avoir rempli leur mandat avec conscience et probité, ils n'ont pu faire prévaloir les Candidats choisis par la Commune, force leur a bien été de se ranger aux décisions de la majorité. Agir autrement, c'est rompre toute unité, c'est perpétuer d'une manière déplorable ces mesquines et prétentieuses coteries de clocher que réprouve à bon droit la Constitution, et que nous devons repousser si nous voulons conserver le suffrage universel et l'obtenir sincère.

Après tout, personne ne perd sa liberté de vote et de discussion; vous pouvez encore dans vos Comices Communaux objecter contre les Candidats acceptés par le Congrès du Département, et le Bureau, complété par l'adjonction de vos Délégués, portera à la

connaissance du Bureau Départemental vos
raisons pour faire disparaître un ou plusieurs
noms de la liste.

Le Bureau Départemental sera juge en
dernier ressort de ces réclamations des Comices Communaux.

Récapitulons les diverses opérations :

Comice Communal. — Quarante
jours avant l'Election, formation du Bureau
du Comice Communal.— Candidatures Communales.— Délégués nommés par scrutin de
liste, à la majorité des suffrages et en nombre
proportionné à la population, en prenant
pour base un Délégué par 200 habitants ou
par fraction supérieure à 150.

Comice Cantonnal.— Le Dimanche
suivant, réunion de tous les Délégués Communaux au chef-lieu du Canton ou au point
le plus central du Canton.— Formation du
Bureau du *Comice Cantonnal.*— Candidatures Communales épurées et restreintes par
le vote après discussion.— Nomination des
Délégués, et le nombre sera d'un par mille
habitants du Canton ou par fraction supérieure à 500.

Comice d'Arrondissement.— Le
Dimanche suivant, formation du Comice
d'Arrondissement par tous les Délégués des
Comices Cantonnaux. — Nomination par le
scrutin des membres du Bureau.— Discus-

sion des Candidatures Cantonnales. — Epuration des listes provisoires — Maintien de quelques noms par le scrutin — La majorité désigne les Délégués d'Arrondissement qui iront prendre part aux délibérations du Comice Départemental.

Le nombre des Délégués d'Arrondissement est fixé comme il suit :

Un par 2,000 habitants et par fraction supérieure à 1,500.

Comice Départemental. — Ici, comme dans les Comices précédents, vote pour la désignation des membres du Bureau. Puis discussion sur les Candidats qui ont obtenu le plus de sympathies dans les Comices de tous les Arrondissements.

Si le travail a été sérieux, et il a dû l'être aux réunions Communale, Cantonnale et d'Arrondissement, il acquiert une importance bien autre au Département, puisque la liste à peu près définitive va sortir de l'urne.

———◆———

Ce mode de préparer les Elections est d'une très-grande simplicité. Il admet réellement tous les citoyens à concourir au choix de leurs Représentants. Que de tous les points du Département les Maires, au nom de leurs Communes, prennent hautement l'initiative. Il ne s'agit pas ici de faire triompher telle ou telle opinion, tel ou tel parti égoïste : c'est la vérité qu'il faut mettre en lumière ; c'est l'expression la plus intime des besoins de toute sorte du pays, c'est la *sincérité Electorale* que nous demandons. — Un Maire, en agissant ainsi, n'a rien à craindre. Au contraire, il s'acquitte d'un devoir ; et même, s'il n'y avait pas à redouter mille susceptibilités souvent peu fondées en temps d'Elections, nous verrions avec plaisir l'Administration Préfectorale l'inviter à mettre notre projet à exécution. Car, après tout, que demandons-nous aux Maires et aux Electeurs investis d'une délégation dans les divers Comices ? — De la franchise, de l'impartialité !

Détruisons d'un seul coup ces barrières qui s'élèvent de plus en plus entre les hommes ; et que ces passions haineuses, aveugles, qui exagèrent le bien comme le mal, disparaissent bientôt.

Que ces dols faits à la bonne foi et à la confiante ignorance des Electeurs ruraux ne soient plus possibles.

Que notre République une et démocratique, qui doit être par conséquent un gouvernement par tous et pour tous, ne soit pas honteusement confisquée par une poignée d'intrigants.

A l'œuvre donc, hardiment à l'œuvre ! Le peuple a conquis en Février des droits immenses. Que sa paresse et son inertie ne lui enlèvent pas ses conquêtes ! Qu'il ne s'endorme pas après la victoire !

L'habitant des campagnes veut apprendre ;

il revendique l'exercice de ses droits civiques ; mais entouré de pièges, il ne sait lequel croire, ou de celui qui lui peint la République comme un gouvernement hideux, qui tue l'industrie, l'agriculture, le commerce, ressuscite les échafauds, ou de cet autre qui lui exalte le régime Républicain comme seul susceptible de rendre la Nation forte et respectée, de faire prospérer l'agriculture et le commerce, de donner aux travailleurs des champs et des villes une position sociale plus digne d'eux, etc. Et quelle n'est pas leur stupéfaction, après avoir donné dans notre Département aux premiers Représentants qu'ils ont élus plus de 100.000 voix, c'est-à-dire les 4/5 des suffrages des Electeurs inscrits, de voir circuler, cette fois-ci, quelque chose comme un million de bulletins qui ne portent pas un de leurs noms.

Voilà de ces choses dont personne ne veut se rendre compte qu'à demi ; car toutes les explications supposables tournent à la honte et à la confusion du plus grand nombre.

L'erreur est humaine ;

Par les Comices elle est possible encore ; mais elle ne triomphe plus par surprise.

J'ai répété que je recherchais la sincérité Electorale, et que je ne faisais pas œuvre de parti.

Pour cela peut-être m'incriminera-t-on, et le reproche sera fondé en apparence ; mais en examinant plus attentivement ce travail, on verra que l'opinion de la majorité l'emporte toujours.

C'est donc à vous, Electeurs communaux, à porter vos suffrages, dans vos Comices, sur les hommes qui représenteront véritablement vos convictions, et à ne pas les égarer légèrement.

Ce crible électoral enchaînera-t-il la conscience des Electeurs ? — A Dieu ne plaise ! — Chacun modifiera ses votes suivant ses sympathies ou sa répulsion pour tel ou tel Candidat adopté par le Comice Départemental.

Les discussions qui s'établiront dans les Comices auront indubitablement du retentissement au-dehors, et tel qu'on aura repoussé pour lui préférer tel autre, pourra bien vous convenir davantage, et vous lui donnerez une place sur votre liste.

Qui empêchera un parti qui ne se croira pas suffisamment représenté, de patroner d'autres noms ?...

Mais ce parti, même à l'aide des moyens électoraux les plus insinuants, contrebalancera-t-il la juste influence acquise désormais aux Candidats dans les Comices ?

Qui veut agir par surprise doit rejeter mon projet.

Qui veut la clarté, la bonne foi, la sincérité, l'accueillera avec empressement.

Les partis forts, qui n'ont rien à redouter de la vérité, marcheront dans la lumière avec moi.

Les partis faibles, cauteleux, qui cherchent les ténèbres, et ne sont victorieux que par surprise, me tiendront en défiance et s'éloigneront de moi.

Je fais donc appel à tous les hommes sages, consciencieux, qui comprennent que le temps est venu de marcher avec le Peuple, car sans cela il pourra bien prendre le devant!

***

ARRONDISSEMENT DE SAINTES.

Population 107,928 h. — Délégués 54. — Huit Cantons.

Le Comice de l'Arrondissement de Saintes envoie cinquante-quatre Délégués au Comice Départemental.

L'Arrondissement de Saintes présente encore une liste de quatre Candidats, c'est-à-dire, en nombre double de celui que lui concède la loi électorale.

NOTE POUR TOUS LES ARRONDISSEMENTS.

La lettre A désigne le chef-lieu électoral de la 1re circonscription du Canton, et a, A, a, les Communes qui en relèvent et vont y voter.

B, chef-lieu électoral de la 2e circonscription électorale du Canton, et b, B, b, les communes qui en relèvent et vont y voter; ainsi de C, c, c, c et de D, D, D, pour les 3e et 4e circonscriptions.

CANTON DE SAINTES (NORD).

Population 12,779 h.— Délégués 13.

Ce Canton délègue treize Electeurs pris parmi les Délégués Communaux assistants, pour aller présenter au Comice d'Arrondissement les Candidats adoptés en séance, et dont le nombre a été déterminé par le Comice Cantonnal.

Communes.		Population.	Délégués.
1 Saintes	A	5912	29
2 Bussac	B	695	3
3 Chaniers	C	2522	12
4 La Chapelle des Pôts	c	825	4
5 Le Douhet	B	1033	5
6 Fondcouverte	A	669	3
7 Saint-Vaise	B	415	2
8 Vénérand	A	708	3
TOTAL des Électeurs délégués par les comices communaux au comice cantonnal, à Saintes (nord)			61

CANTON DE SAINTES (SUD).

Population 14,195 h.— Délégués 14.

Ce Canton délègue quatorze Electeurs pris parmi les Délégués Communaux assistants, pour aller présenter au Comice d'Arrondissement les Candidats adoptés en séance, et dont le nombre a été arrêté par le Comice Cantonnal

Communes.		Population.	Délégués.
1 Saintes	A	5451	27
2 Chermignac	c	772	4
3 Colombiers	c	567	3

4 Courcoury	B	921	4
5 Ecurat	A	426	2
6 Saint-Geoges-des-Coteaux	A	1281	6
7 Les Gonds	A	824	4
8 La Jard	C	442	2
9 Nieul-les-Saintes	D	1087	5
10 Pessines	D	368	3
11 Preguillac	C	507	2
12 Thénac	C	827	4
13 Varzay	D	722	3

TOTAL des Électeurs délégués par les comices communaux au comice cantonal, à Saintes (Sud) | 69

CANTON DE COZES.

Population 13,256 h — Délégués 13.

Ce Canton délègue treize Electeurs pris parmi les Délégués Communaux assistants, pour aller présenter au Comice d'Arrondissement les Candidats adoptés en séance, et dont le nombre a été arrêté par le Comice Cantonnal.

Communes.		Population.	Délégués.
1 Arces	A	1048	5
2 Barzan	A	649	3
3 Boutenac	B	366	2
4 Brie-Sous-Mortagne	B	330	1
5 Chenac	B	815	4
6 Cozes	A	1914	9
7 Épargnes	A	1516	7
8 Floirac	B	824	4
9 Grézac	A	982	5

	Commune		Population	Délégués
10	Méchers	A	1143	5
11	Mortagne	B	1142	5
12	Saint-Romain-de-Beaumont	B	115	1
13	Semussac	A	987	5
14	St-Seurin-d'Uzet	B	547	2
15	Talmont	A	378	2

TOTAL des Électeurs délégués par les comices communaux au comice cantonnal de Cozes **60**

CANTON DE BURIE.

Population 10, 413 h. — Délégués 10.

Ce Canton délègue dix Électeurs pris parmi les Délégués Communaux assistants, pour aller présenter au Comice d'Arrondissement les Candidats adoptés en séance, et dont le nombre a été déterminé par le Comice Cantonnal.

	Communes.		Population.	Délégués.
1	Saint-Bris-des-Bois	A	587	3
2	Burie	A	1522	7
3	Sainte-Césaire	A	904	4
4	Chérac	B	1715	8
5	Dompierre	B	774	4
6	Écoyeux	C	1507	7
7	Migron	A	1510	7
8	Saint-Sauvant	B	733	3
9	Le Seure	A	549	2
10	Villars-les-Bois	A	612	3

TOTAL des Électeurs délégués par les comices communaux au comice cantonnal de Burie **48**

CANTON DE GEMOZAC.

Population 15,075 h. — Délégués 15.

Ce Canton délègue quinze Electeurs pris parmi les Délégués Communaux assistants, pour aller présenter au Comice d'Arrondissement les Candidats adoptés en séance, et dont le nombre a été arrêté par le Comice Cantonnal.

Communes.		Population.	Délégués.
1 St-André-de-Lidon	B	1402	7
2 Berneuil	C	1385	7
3 Cravans	A	763	4
4 Gemozac	A	2663	13
5 Jazennes	A	580	3
6 Meursac	B	1473	7
7 Montpellier	B	841	4
8 Saint-Quantin-de Rausanne	A	566	3
9 Rétaud	B	1203	6
10 Rioux	B	1020	5
11 Saint-Simon-de-Pellouaille	C	431	2
12 Tanzac	A	536	2
13 Tesson	C	657	3
14 Thaims	B	438	2
15 Villars	C	604	3
16 Virollet	A	508	2
TOTAL des Électeurs délégués par les comices communaux au comice cantonal de Gemozac.			73

CANTON DE PONS.

Population 16,501 h. — Délégués 17.

Ce Canton délègue dix-sept Electeurs pris parmi les Délégués Communaux assistants, pour aller présenter au Comice d'Arrondissement les Candidats adoptés en séance, et dont le nombre a été déterminé par le Comice Cantonnal.

Communes.		Population.	Délégués.
1 Avy	A	524	2
2 Belluire	A	206	1
3 Biron	A	462	2
4 Bougneau	A	678	3
5 Brives	C	367	2
6 Chadenac	A	827	4
7 Coulonges	B	582	3
8 Echebrune	A	879	4
9 Fléac	A	629	3
10 Saint-Léger	A	727	3
11 Marignac	A	571	3
12 Mazerolles	A	356	2
13 Montils	C	1194	6
14 Pérignac	B	2554	13
15 Pons	A	4661	23
16 Rouffiac	C	545	2
17 St-Seurin-de-Paleine	C	236	1
18 Saint-Sever	C	503	2

TOTAL des Électeurs délégués par les comices communaux au comice cantonal de Pons. — **79**

CANTON DE SAINT-PORCHAIRE.

Population 13,085 h — Délégués 13.

Ce Canton délègue treize Electeurs pris parmi les Délégués Communaux assistants, pour aller présenter au Comice d'Arrondissement les Candidats adoptés en séance, et dont le nombre a été déterminé par le Comice Cantonnal.

Communes.		Population.	Délégués.
1 Beurlay	C	664	2
2 Crazannes	D	718	3
3 Les Essards	A	701	3
4 Geay	A	768	4
5 Sainte-Gemme	B	1174	6
6 Le Mung	D	395	2
7 Plassay	D	817	4
8 Pont-l'Abbé	B	1334	6
9 Saint-Porchaire	A	1202	6
10 Sainte-Radégonde	B	267	1
11 Romegoux	C	744	3
12 Saint-Saturnin-de-Séchaud	D	1536	7
13 Soulignonne	A	747	3
14 St-Sulpice-d'Arnoult	B	531	2
15 Trizay	C	617	3
16 La Vallée	C	870	4

TOTAL des Électeurs délégués par les comices communaux au comice cantonnal de St-Porchaire : **59**

CANTON DE SAUJON.

Population 12,624 h.— Délégués 13.

Ce Canton délègue treize Electeurs pris parmi les Délégués Communaux assistants, pour aller présenter au Comice d'Arrondissement les Candidats adoptés en séance, et dont le nombre a été déterminé par le Comice Cantonnal.

Communes.		Population.	Délégués.
1 Balanzac	B	723	3
2 Le Chay	A	518	2
3 La Clisse	B	363	2
4 Corme-Ecluse	A	1047	5
5 Corme-Royal	B	1502	7
6 Saint-Georges-de-Didonne	A	905	4
7 Luchat	B	209	1
8 Médis	A	978	5
9 Nancras	B	456	2
10 Pisany	B	519	2
11 St-Romain-de-Benet	A	1653	8
12 Sablonceaux	A	765	3
13 Saujon	A	2444	12
14 Thézac	B	542	2
TOTAL des Électeurs délégués par les comices communaux au comice cantonal de Saujon			58

ARRONDISSEMENT DE JONZAC.

Population 84,046 h. — Délégués 42. —
Sept Cantons.

Le Comice d'Arrondissement de Jonzac
envoie au Comice Départemental quarante-
deux Délégués.

L'Arrondissement de Jonzac présente encore une liste de quatre Candidats, c'est-à-
dire, en nombre double de celui que lui attribue la loi électorale.

CANTON DE JONZAC.

Population 12,394 h. — Délégués 12.

Ce Canton délègue douze Electeurs pris
parmi les Délégués Communaux assistants,
pour aller présenter au Comice d'Arrondissement les Candidats adoptés en séance, et
dont le nombre a été arrêté par le Comice
Cantonnal.

Communes.		Population.	Délégués.
1 Jonzac	A	2631	13
2 Agudelle	B	244	1
3 Champagnac	A	687	3
4 Chaunac	B	177	1
5 Fontaines-d'Ozillac	B	853	4
6 Saint-Germain-de-Lusignan	A	810	4
7 Guitinières	A	503	2
8 Léoville	B	731	3

9 Lussac	A	113	1
10 Saint-Martial-de-Vilaterne	A	208	1
11 Saint-Maurice-de-Tavernollé	A	300	1
12 Saint-Médard	B	175	1
13 Meux	A	513	2
14 Moings	A	437	2
15 Mortiers	B	616	3
16 Ozillac	B	1023	5
17 Réaux	A	600	3
18 St-Simon-de-Bordes	B	860	4
19 Vibrac	B	403	2
20 Villexavier	B	510	2
TOTAL des Électeurs délégués par les comices communaux au comice cantonnal de Jonzac			57

CANTON D'ARCHIAC.

Population 11,395 h. — Délégués 11.

Ce Canton délègue onze Électeurs pris parmi les Délégués Communaux assistants, pour aller présenter au Comice d'Arrondissement les Candidats adoptés en séance, et dont le nombre a été limité par le Comice Cantonnal.

Communes.		Population.	Délégués.
1 Allas-Champagne	A	1425	2
2 Archiac	A	066	5
3 Arthenac	A	731	3
4 Brie	A	473	2
5 Celles	B	520	2

6 Saint-Ciers-Champagne	D	994	3
7 Cierzac	B	308	1
8 Saint-Eugène	A	588	3
9 Saint-Germain-de-Vibrac	D	475	2
10 Germignac	B	718	3
11 Jarnac-Champagne	C	1126	5
12 Sainte-Lheurine	C	826	4
13 Lonzac	B	436	2
14 Saint-Maigrin	D	1081	5
15 Saint-Martial-de-Coculet	B	736	3
16 Neuillac	C	564	3
17 Nieulles	C	328	1

TOTAL des Électeurs délégués par les comices communaux au comice cantonnal d'Archiac **51**

CANTON DE SAINT-GENIS.

Population 13,325 h.— Délégués 13.

Ce Canton délègue treize Electeurs pris parmi les Délégués Communaux assistants, pour aller présenter au Comice d'Arrondissement les Candidats adoptés en séance, et dont le nombre a été arrêté par le Comice Cantonnal.

Communes.		Population.	Délégués.
1 Antignac	D	206	1
2 Bois	A	894	4
3 Champagnolles	B	1100	5
4 Clam	D	416	2

5	Clion	A	1011	5
6	Saint-Disant-du-Gua	c	1371	7
7	Saint-Fort	C	1980	10
8	Saint-Genis	A	1093	5
9	St-Georges-de-Cubillac.	D	527	2
10	St-Germain-du-Seudre	B	818	4
11	Givrezac	B	143	1
12	St-Grégoire-d'Ardenne	D	270	1
13	Lorignac	c	1248	6
14	Mornac	A	668	3
15	St-Palais-de-Phiolin	B	534	2
16	Plassac	A	777	4
17	Saint-Sigismond	A	268	1

TOTAL des Électeurs délégués par les comices communaux au comice cantonnal de St-Genis — **63**

CANTON DE MIRAMBEAU.

Population 15,668 h. — Délégués 16.

Ce Canton délègue seize Electeurs pris parmi les Délégués Communaux assistants, pour aller présenter au Comice d'Arrondissement les Candidats adoptés en séance, et dont le nombre a été arrêté par le Comice Cantonnal.

Communes.		Population.	Délégués.
1 Allas-Bocage	c	351	2
2 Boisredon	c	1536	7
3 Saint-Bonnet	B	1601	8

4	St-Ciers-du-Taillon	D	1390	7
5	Consac	D	583	3
6	Courpignac	C	619	3
7	St-Dizant-du-Bois	A	316	1
8	St-Georges-des-Agouts	B	666	3
9	St-Hilaire-du-Bois	A	266	1
10	Saint-Martial-de-Mirambeau	A	597	3
11	Mirambeau	A	2302	11
12	Nieul le-Virouil	A	1137	5
13	Sainte-Ramée	D	373	2
14	Salignac	C	416	2
15	Semillac	A	170	1
16	Semoussac	A	666	3
17	St-Sorlin-de-Conac	B	498	2
18	Soubran	C	635	3
19	St-Thomas-de-Conac	B	1546	7

TOTAL des Électeurs délégués par les comices communaux au comice cantonnal de Mirambeau : **74**

CANTON DE MONTENDRE.

Population 8,688 h. — Délégués 9.

Ce Canton délègue neuf Electeurs pris parmi les Délégués Communaux assistants, pour aller présenter au Comice d'Arrondissement les Candidats adoptés en séance, et dont le nombre a été arrêté par le Comice Cantonnal.

Communes.		Population.	Délégués.
1 Bran	B	450	2
2 Chamouillac	A	503	2
3 Chardes	A	251	1
4 Chartuzac	A	279	1
5 Corignac	A	173	1
6 Coux	A	805	4
7 Expiremont	A	301	1
8 Jussas	B	294	1
9 Saint-Maurice-de-Laurensanne	A	240	1
10 Messac	B	415	2
11 Montendre	A	1038	5
12 Moulons	B	221	1
13 Pommiers		400	2
14 Rouffignac	A	990	5
15 Soumeras	A	173	1
16 Sous-Moulins	B	626	3
17 Tugeras	A	570	3
18 Vallet	B	364	2
19 Vanzac	B	605	3

Total des électeurs délégués par les comices communaux au comice cantonal de Montendre — 41

CANTON DE MONTGUYON.

Population 12,423 h. — Délégués 12.

Ce Canton délègue douze Electeurs pris parmi les Délégués Communaux assistants, pour aller présenter au Comice d'Arrondissement les Candidats adoptés en séance, et dont le nombre a été arrêté par le Comice Cantonnal.

Communes.		Population.	Délégués.
1 Saint-Aigulin	C	1421	7
2 La Barde	C	659	3
3 Boresse	A	374	2
4 Boscamenant	C	384	2
5 Cercoux	B	1723	8
6 Clérac	A	1468	7
7 La Clotte	B	827	4
8 Le Fouilloux	A	1175	6
9 La Genétouze	C	711	3
10 Saint-Martin-d'Ary	A	284	1
11 St-Martin-de-Coux	B	741	3
12 Montguyon	A	1415	7
13 Neuvic	A	718	3
14 St-Pierre-du-Palais	B	523	2

TOTAL des Electeurs délégués par les comices communaux au comice cantonnal de Montguyon **58**

CANTON DE MONTLIEU.

Population 10,153 h. — Délégués 10.

Ce Canton délègue dix Electeurs pris parmi les Délégués Communaux assistants, pour aller présenter au Comice d'Arrondissement les Candidats adoptés en séance, et dont le nombre a été arrêté par le Comice Cantonnal.

Communes.		Population.	Délégués.
1 Bédenac	c	728	3
2 Bussac	c	620	3
3 Chatenet	B	669	3
4 Chepniers	C	996	5
5 Chevanceaux	A	1390	7
6 Sainte-Colombe	B	303	1
7 La Garde	A	910	4
8 Mérignac	B	515	2
9 Montlieu	A	1076	5
10 Orignolles	A	908	4
11 Saint-Palais de Né-grignac	A	948	5
12 Le Pin	B	247	1
13 Polignac	B	361	2
14 Pouillac	A	482	2
TOTAL des Electeurs délégués par les comices communaux au comice cantonnal de Montlieu			47

ARRONDIS. DE LA ROCHELLE.

Population 83,087 h. — Délégués 41. — Sept Cantons.

Le Comice d'Arrondissement envoie au Comice Départemental quarante-et-un Délégués.

L'Arrondissement de la Rochelle présente encore une liste de quatre Candidats, c'est-à-dire, en nombre double de celui que lui concède la loi électorale.

CANTON EST DE LA ROCHELLE.

Population 14,333 h. — Délégués 14.

Ce Canton délègue quatorze Électeurs pris parmi les Délégués assistants des Comices communaux, pour aller présenter au Comice d'Arrondissement les Candidats adoptés en séance, et dont le nombre a été fixé par le Comice Cantonnal.

Communes.		Population.	Délégués.
1 La Rochelle	A	6178	31
2 Angoulins	B	813	4
3 Aytré	B	1451	7
4 Gognehors	A	1363	7
5 Dompierre	A	2701	11
6 Lagord	A	946	4
7 Périgny	A	877	4
TOTAL des Électeurs délégués par les comices comm. au comice cantonnal de la Rochelle (Est)			68

CANTON OUEST DE LA ROCHELLE.

Population 17,617 h. — Délégués 18.

Ce Canton délègue dix-huit Électeurs pris parmi les Délégués assistants des Comices Communaux, pour aller présenter au Comice d'Arrondissement les Candidats adoptés en séance et dont le nombre a été arrêté par le Comice Cantonnal

Communes.		Population.	Délégués.
1 La Rochelle	A	11180	50
2 Esnandes	B	737	3

3 Lhoumeau	B	394	2
4 Laleu	A	979	5
5 Marsilly	B	945	4
6 Saint-Maurice	A	438	2
7 Nieul	B	1549	7
8 Saint-Xandre	B	1395	7

TOTAL des Électeurs délégués par les comices com. au comice cantonnal de la Rochelle (Ouest) — **80**

CANTON DE MARANS.

Population 8,465 h. — Délégués 8.

Ce Canton délègue huit Electeurs pris parmi les Délégués Communaux assistants, pour aller présenter au Comice d'Arrondissement les Candidats adoptés en séance, et dont le nombre a été déterminé par le Comice Cantonnal.

Communes		Population.	Délégués.
1 Andilly	B	1150	6
2 Charron	A	980	5
3 Longèves	B	600	3
4 Marans	A	4897	24
5 Saint-Ouen	B	425	2
6 Villedoux	B	413	2

TOTAL des Électeurs délégués par les comices communaux au comice cantonnal de Marans — **42**

CANTON DE COURÇON.

Population 13,605 h.— Délégués 14.

Ce Canton délègue quatorze Electeurs pris parmi les Délégués Communaux assistants, pour aller présenter au Comice d'Arrondissement les Candidats adoptés en séance, et dont le nombre a été déterminé par le Comice Cantonnal.

Communes.		Population.	Délégués.
1 Angliers	B	430	2
2 Benon	A	1050	5
3 Courçon	A	1171	6
4 Cram-Chaban	A	743	3
5 St-Cyr-du-Doret	A	556	3
6 Ferrières	C	463	2
7 Le Gué-d'Alleré	C	867	4
8 St-Jean de-Liversay	D	2345	11
9 Lalaigne	A	534	2
10 Saint-Martin-de-Villeneuve	A	593	3
11 Nuaillé	B	807	4
12 Saint-Sauveur	G	1362	7
13 Taugon-la-Ronde	A	2684	13
TOTAL des Électeurs délégués par les comices communaux au comice cantonnal de Courçon			65

CANTON DE SAINT-MARTIN (ILE DE RÉ).

Population 9,483 h. — Délégués 9.

Ce Canton délègue neuf Electeurs pris parmi les Délégués Communaux assistants, pour aller présenter au Comice d'Arrondissement les Candidats adoptés en séance, et dont le nombre a été déterminé par le Comice Cantonnal.

Communes.		Population.	Délégués.
1 Le Bois	A	2093	10
2 La Flotte	A	2462	12
3 Sainte-Marie	B	2579	13
4 Saint-Martin	A	2349	11
Total des Électeurs délégués par les comices communaux au comice cantonnal de Saint-Martin			46

CANTON D'ARS (ILE DE RÉ).

Population 7,876 h. — Délégués 8.

Ce Canton délègue huit Electeurs pris parmi les Délégués Communaux assistants, pour aller présenter au Comice d'Arrondissement les Candidats adoptés en séance, et dont le nombre a été déterminé par le Comice Cantonnal.

Communes.		Population.	Délégués.
1 Ars	A	3700	18
2 La Couarde	A	1742	8
3 Loix	B	1350	7
4 Les Portes	A	1084	5
Total des Électeurs délégués par les comices communaux au comice cantonnal d'Ars			38

CANTON DE LA JARRIE.

Population 11,708 h. — Délégués 12.

Ce Canton délègue douze Electeurs pris parmi les Délégués Communaux assistants, pour aller présenter au Comice d'Arrondissement les Candidats adoptés en séance, et dont le nombre a été déterminé par le Comice Cantonnal.

Communes.		Population.	Délégués.
1 Anais	D	287	1
2 Bourgneuf	C	461	2
3 Saint-Christophe	D	1055	5
4 Clavette	A	512	2
5 Croix-Chapeau	A	737	3
6 La Jarrie	A	973	5
7 La Jarne	B	693	3
8 Saint-Médard	D	1459	7
9 Montroy	A	308	2
10 Saint-Rogatien	A	470	2
11 Salles	B	1014	5
12 Sainte-Soulle	C	2081	10
13 Vérines	C	1326	6
14 Saint-Vivien	B	332	1

TOTAL des Électeurs délégués par les comices communaux au comice cantonnal de la Jarrie **54**

ARROND. DE ST-JEAN-D'ANGÉLY.

Population 83,047 h. — Délégués 41. — Sept Cantons.

Le Comice d'Arrondissement envoie au Comice Départemental 41 Délégués

L'Arrondissement de Saint-Jean-d'Angély présente encore une liste de *quatre Candidats*, c'est-à-dire, en nombre double de celui que lui concède la loi électorale.

CANTON DE SAINT-JEAN-D'ANGÉLY.

Population 17,398 h. — Délégués 17.

Ce Canton délègue dix-sept Électeurs pris parmi les Délégués Communaux existants, pour aller présenter au Comice d'Arrondissement les Candidats adoptés en séance, et dont le nombre a été arrêté par le Comice Cantonnal.

	Communes.		Population.	Délégués.
1	St-Jean-d'Angély	A	6484	30
2	Antezant	C	366	2
3	Asnières	A	1338	6
4	La Bénate	C	560	3
5	Bignay	A	478	2
6	Le Chapelle-Baton	C	148	1
7	Courcelles	A	450	2
8	Les Eglises-d'Argenteuil.	B	864	4
9	Fontenet	B	794	4
10	St-Julien-de-Lescap	A	551	3
11	Landes	A	770	4
12	Mazeray	A	767	4
13	Saint-Pardouet	C	376	2
14	Le Pin	C	939	4
15	Poursay-Garnaud	B	320	1
16	Ternant	A	185	1
17	Varaize	B	962	5
18	Lavergne.	A	597	3
19	Vervant	B	183	1
20	Voissay	A	266	1

TOTAL des Électeurs délégués par les comices comm. au comice cantonnal de St-Jean-d'Angély : 83

CANTON D'AUNAY.

Population 14,748 h. — Délégués 15.

Ce Canton délègue quinze Electeurs pris parmi les Délégués des Comices Communaux, pour aller présenter au Comice d'Arrondissement les Candidats adoptés en séance, et dont le nombre a été arrêté par le Comice Cantonnal.

Communes.		Population.	Délégués.
1 Aunay	A	1744	8
2 Blanzay	D	215	1
3 Cherbonnières	A	721	3
4 Chives	C	1047	5
5 Contré	B	365	2
6 Dampierre	D	689	3
7 Les Eduts	B	159	1
8 Fontaine-Chalendray	C	936	4
9 Saint-Georges-de-Longue-Pierre	D	533	2
10 Le Gicq	C	398	2
11 Loiré	B	671	3
12 Saint-Mandé	B	812	4
13 St Martin de-Juillers	A	403	2
14 Néré	B	1188	6
15 Nuaillé	A	403	2
16 Paillé	A	883	4
17 St-Pierre-de-Juilliers	A	792	4
18 Romazières	C	390	1
19 Saleigne	C	257	1
20 Salles	A	270	1
21 Seigné	C	304	1

22	La Villedieu	A	580	3
23	Villemorin	A	407	2
24	Villiers-Couture	C	465	2
25	Vinax	B	206	1

TOTAL des Électeurs délégués par les comices communaux au comice cantonnal d'Aunay — **68**

CANTON DE SAINT-HILAIRE.

Population 8,446 h. — Délégués 8.

Ce Canton délègue huit Electeurs pris parmi les Délégués assistants des Comices Communaux, pour aller présenter au Comice d'Arrondissement les Candidats adoptés en séance, et dont le nombre a été arrêté par le Comité Cantonnal.

	Communes.		Population.	Délégués.
1	Aujac	C	915	4
2	Aumagne	C	1289	6
3	Authon	B	825	4
4	Bercloux	B	752	4
5	Brisembourg	B	1611	8
6	Ebéon	C	101	1
7	La Frédière	A	162	1
8	Saint-Hilaire	A	1335	6
9	Juicq	A	429	2
10	Sainte-Même	A	361	2
11	Nantillé	A	581	3
12	Villepouge	C	85	1

TOTAL des Électeurs délégués par les comices communaux au comice cantonnal de St-Hilaire — **42**

CANTON DE LOULAY.

Population 9,333 h. — Délégués 9.

Ce Canton délègue neuf Electeurs pris parmi les Délégués assistants des Comices Communaux, pour aller présenter au Comice d'Arrondissement les Candidats adoptés en séance, et dont le nombre a été arrêté par le Comice Cantonnal.

Communes.		Population.	Délégués
1 Bernay	C	841	4
2 Coivert	A	628	3
3 Courant	A	657	3
4 La Croix-Comtesse	B	367	2
5 Dœuil	B	912	4
6 Saint-Félix	C	534	2
7 La Jarrie-Audouin	A	555	3
8 Loulay	A	570	3
9 Lozay	A	572	3
10 Saint-Martial	A	322	1
11 Saint-Martin-de-la-Coudre	C	350	2
12 Migré	C	781	4
13 St-Pierre-de-Lisle	A	559	3
14 Saint-Severin	B	470	2
15 Vergné	B	239	1
16 Villeneuve-la-Comtesse.	B	800	4
17 Villenouvelle	B	176	1

TOTAL des Electeurs délégués par les comices communaux au comice cantonnal de Loulay : **45**

CANTON DÈ MATHA.

Population 17 607 h.— Délégués 18.

Ce Canton délègue dix-huit Electeurs pris parmi les Délégués assistants des Comices Communaux, pour aller présenter au Comice d'Arrondissement les Candidats adoptés en séance, et dont le nombre a été limité par le Comité Cantonnal.

	Communes.		Population.	Délégués.
1	Bagniseau	A	367	2
2	Balans	C	571	3
3	Bazauges	B	396	2
4	Béauvais	B	1072	5
5	Blanzac	A	497	2
6	Bredon	B	750	4
7	Brie-Sous-Matha	D	602	3
8	La Brousse	A	941	4
9	Courcerac	C	521	2
10	Cressé	B	673	3
11	Gibourne	A	336	1
12	Gourvillette	B	355	2
13	Haimps	A	910	4
14	Louzignac	C	412	2
15	Maqueville	C	751	4
16	Massac	B	493	2
17	Matha	A	1911	9
18	Mons	D	954	5
19	Neuvic	C	994	5
20	Saint-Ouen	B	397	2
21	Prignac	C	403	2
22	Siecq	C	527	3

23 Sonnac	C	1210	6
24 Thors	D	450	2
25 Les-Touches-de- Périgny	A	1114	5

TOTAL des Électeurs délégués par les comices communaux au comice cantonnal de Matha · · · **84**

CANTON DE SAINT-SAVINIEN.

Population 10,756 h. — Délégués 11.

Ce Canton délègue onze Electeurs pris parmi les Délégués assistants des Comices Communaux, pour aller présenter au Comice d'Arrondissement les Candidats adoptés en séance, et dont le nombre a été limité par le Comice Cantonnal.

Communes.		Population.	Délégués.
1 Agonnay	A	214	1
2 Annepont	B	415	2
3 Archingeay	A	1162	6
4 Bords	C	1129	5
5 Champdolent	C	570	3
6 Coulonges	B	301	1
7 Fenioux	B	345	1
8 Grandjean	B	550	3
9 Les Nouillers	A	1028	5
10 Saint-Savinien	A	3612	18
11 Taillant	A	323	1
12 Taillebourg	B	1107	5

TOTAL des Électeurs délégués par les comices communaux au comice cantonnal de St-Savinien · · · **51**

CANTON DE TONNAY-BOUTONNE.

Population 4,759 h.— Délégués 5.

Ce Canton délègue cinq Electeurs pris parmi les Délégués assistants des Comices Communaux, pour aller présenter au Comice d'Arrondissement les Candidats adoptés en séance et dont le nombre a été limité par le Comice Cantonnal.

Communes.		Population.	Délégués.
1 Annezay	A	380	2
2 Chantemerle	A	288	1
3 Chervettes	B	229	1
4 Saint-Laurent-de-la-Barrière	B	234	1
5 Saint-Loup	A	811	4
6 Nachamps	B	442	2
7 Payrolland	B	585	3
8 Tonnay-Boutonne	A	1272	6
9 Torxé	A	518	2
TOTAL des Électeurs délégués par les comices comm. au comice cantonnal de Tonnay-Boutonne			22

ARRONDIS. DE ROCHEFORT.

Population 58,737 h.— Délégués 29.— Quatre Cantons.

Le Comice d'Arrondissement de Rochefort envoie au Comice Départemental 29 Délégués.

L'Arrondissement de Rochefort présente

encore une liste de deux Candidats, c'est-à-dire, en nombre double de celui que lui concède la loi électorale.

CANTON DE ROCHEFORT.

Population 25,153. — Délégués 24.

Ce Canton délègue vingt-quatre Electeurs pris parmi les Délégués Communaux assistants, pour aller présenter au Comice d'Arrondissement les Candidats adoptés en séance et dont le nombre a été arrêté par le Comice Cantonnal.

Communes		Population.	Délégués.
1 Rochefort	A	21738	102
2 Ile d'Aix	C	357	2
3 Breuil-Magné	A	613	3
4 Fouras	B	833	4
5 Saint-Laurent-de-la-Prée	B	904	4
6 Loire	A	217	1
7 Le Vergeroux	A	233	1
8 Yves	B	258	1
TOTAL des Électeurs délégués par les comices communaux au comice cantonnal de Rochefort			118

CANTON D'AIGREFEUILLE.

Population 9,753 h. — Délégués 10.

Ce Canton délègue dix Electeurs pris parmi les Délégués Communaux présents, pour aller présenter au Comice d'Arrondissement les Candidats adoptés en séance et dont le nombre a été déterminé par le Comice Cantonnal.

Communes.		Population.	Délégués.
1 Aigrefenillle	A	1659	8
2 Ardillères	B	793	4
3 Ballon	B	627	3
4 Bouhet	A	514	2
5 Chambon	A	870	4
6 Ciré	B	988	5
7 Forges	A	1002	5
8 Landrais	B	840	4
9 Thairé	B	1248	6
10 Le Thou	B	801	4
11 Virson	A	411	2

TOTAL des Électeurs délégués par les comices communaux au comice cantonnal d'Aigrefeuille

47

CANTON DE SURGÈRES.

Population 13,207 h. — Délégués 13.

Ce Canton délègue treize Électeurs pris parmi les Délégués Communaux assistants, pour aller présenter au Comice d'Arrondissement les Candidats adoptés en séance, et dont le nombre a été déterminé par le Comice Cantonnal.

Communes.		Population.	Délégués.
1 Breuil-la-Réorte	A	651	3
2 St-Georges-du-Bois	A	1457	7

	Communes		Population	Délégués
3	Saint-Germain-de-Marancennes	A	572	3
4	Saint-Mard	A	1398	7
5	Marsais	B	1595	8
6	Péré	A	424	2
7	St-Pierre-d'Amilly	B	590	3
8	Saint-Pierre-de-Surgères	A	1192	6
9	Puyravault	A	714	3
10	Saint-Saturnin-du-Bois	B	1110	5
11	Surgères	A	2191	11
12	Vandré	A	780	4
13	Vouhé	A	533	2

TOTAL des Électeurs délégués par les comices communaux au comice cantonnal de Surgères 64

CANTON DE TONNAY-CHARENTE.

Population 10.624 h. — Délégués 11.

Ce Canton délègue onze Electeurs pris parmi les Délégués Communaux assistants, pour aller présenter au Comice d'Arrondissement les Candidats adoptés en séance, et dont le nombre a été déterminé par le Comice Cantonnal.

	Communes.		Population.	Délégués.
1	Saint-Clément	A	791	4
2	Saint-Coutant	C	605	3
3	Saint-Crépin	B	501	2
4	Genouillé	B	1202	6

5 Saint-Hypolite	A	1046	5
6 Lussant	A	754	4
7 Moragne	C	524	2
8 Muron	B	1370	6
9 Puy-du-Lac	C	627	3
10 Tonnay-Charente	A	3394	17
Total des Électeurs délégués par les comices comm. au comice cantonnal de Tonnay-Charente			52

ARRONDISSEMENT DE MARENNES.

Population 51,258 h. — Délégués 25. — Six Cantons.

Le Comice d'Arrondissement de Marennes envoie en conséquence vingt-cinq Délégués au Comice Départemental.

L'Arrondissement de Marennes présente en outre par l'organe de ses Délégués une liste de deux Candidats à la Représentation, c'est-à-dire, en nombre double de celui que lui attribue la loi électorale.

CANTON DE MARENNES.

Population 11,068 h. — Délégués 11.

Ce Canton délègue onze Electeurs pris parmi les Délégués Communaux assistants, pour aller présenter au Comice d'Arrondissement les Candidats adoptés en séance et dont le nombre a été déterminé par le Comité Cantonnal.

Communes.		Population.	Délégués.
1 Marennes	A	4580	22
2 Le Gua	B	2097	10
3 Hiers-Brouage	A	976	5
4 Saint-Just	A	1902	9
5 Saint-Sornin	A	1613	8
Total des Electeurs délégués par les comices communaux au comice cantonnal de Marennes			54

CANTON DE SAINT-AIGNANT.

Population 6,912 h. — Délégués 7.

Ce Canton délègue sept Electeurs pris parmi les Délégués Communaux assistants, pour aller présenter au Comice d'Arrondissement les Candidats adoptés en séance et dont le nombre a été déterminé par le Comice Cantonnal.

Communes.		Population.	Délégués.
1 Saint-Aignant	A	1113	5
2 Beaugeay	A	305	1
3 Champagne	C	504	2
4 Echillais	A	742	3
5 Saint-Froult	B	414	2
6 Saint-Jean-d'Angle	C	553	3
7 Moëze	B	513	2
8 Saint-Nazaire	B	1492	7
9 Soubise	B	716	3
10 Saint-Symphorien	C	560	3
Total des Electeurs délégués par les comices communaux au comice cantonnal de St-Aignant			31

CANTON DU CHATEAU (ILE D'OLERON.)

Population 6,163 h.— Délégués 6.

Ce Canton délègue six Electeurs pris parmi les Délégués Communaux assistants, pour aller présenter au Comice d'Arrondissement les Candidats adoptés en séance, et dont le nombre a été déterminé par le Comice Cantonnal.

Communes.		Population.	Délégués.
1 Le Château	A	3052	15
2 Dolus	A	2220	11
3 Saint-Trojan	B	891	4
TOTAL des Electeurs délégués par les comices communaux au comice cantonnal du Château			30

CANTON DE SAINT-PIERRE (ILE D'OLERON.)

Population 10,928 h.— Délégués 11.

Ce Canton délègue onze Electeurs pris parmi les Délégués Communaux assistants, pour aller présenter au Comice d'arrondissement les Candidats adoptés en séance, et dont le nombre a été limité par le Comice Cantonnal.

Communes.		Population.	Délégués.
1 Saint-Denis	B	1600	8
2 Saint-Georges	B	4436	22
3 Saint-Pierre	A	4892	24
TOTAL des Electeurs délégués par les comices communaux au comice cantonnal de St-Pierre			54

CANTON DE ROYAN.

Population 7,993 h. — Délégués 8.

Ce Canton délègue huit Electeurs pris parmi les Délégués Communaux assistants, pour aller présenter au Comice d'Arrondissement les Candidats adoptés en séance, et dont le nombre a été déterminé par le Comice Cantonual.

Communes.		Population.	Délégués.
1 Breuillet	B	1338	6
2 L'Eguille	B	805	4
3 Mornac	B	653	3
4 Saint-Palais	A	807	4
5 Royan	A	3110	15
6 Saint-Sulpice	A	913	4
7 Vaux	A	367	2
TOTAL des Electeurs délégués par les comices communaux au comice cantonnal de Royan			38

CANTON DE LA TREMBLADE.

Population 8,094 h. — Délégués 8.

Ce Canton délègue huit Electeurs pris parmi les Délégués Communaux assistants, pour aller présenter au Comice d'Arrondissement les Candidats adoptés en séance, et dont le nombre a été déterminé par le Comice Cantonnal.

Communes.		Population.	Délégués.
1 Arvert	A	2430	12
2 Saint-Augustin	B	521	2
3 Chaillevette	B	945	4
4 Etaules	B	856	4
5 Les Mathes	A	702	3
6 La Tremblade	A	2640	13
Total des Electeurs délégués par les comices communaux au comice cantonnal de la Tremblade			38

Fin.

OUVRAGES
DU MÊME AUTEUR.

DE LA CONDITION
DES CLASSES PAUVRES
A LA CAMPAGNE,
DES MOYENS LES PLUS EFFICACES
DE L'AMÉLIORER,
in-8° 1846.

DE L'ORGANISATION DE
LA MÉDECINE RURALE
EN FRANCE,
In-8°, 1847.